Trauergedichte
und
Trostgedanken

AF200018

In liebevoller Erinnerung

Band 10

Nicole Sunitsch

Bibliografische Information der Deutschen Nationalbibliothek:
Die Deutsche Nationalbibliothek verzeichnet diese Publikation in
der Deutschen Nationalbibliografie;
detaillierte bibliografische Daten sind im Internet über
http://dnb.dnb.de abrufbar.

Herstellung und Verlag:
BoD – Books on Demand, Norderstedt

1. Auflage: Dezember 2019
ISBN: 978-3-7504-0302-4

Titel/Idee: Nicole Sunitsch
Cover: Nicole Sunitsch
Bilder: Christine Schaffer
Gedichte: Nicole Sunitsch
Korrektorat: Elisabeth Michl

Widmung

Dieses Buch widme ich Annemarie Lackner.

Dein Abschied war traurig und bewegend. Durch den Schmerz wurde ich von dir so stark inspiriert und so entstanden in kurzer Zeit diese Gedichte.

In Erinnerung lasse ich dich noch einmal lebendig werden, denn auch ich dachte, wir hätten noch so viel Zeit ...

Ich hoffe, du spürst den Dank bis zum Himmel.

Entfernungen sind ohne Bedeutung.
sich nahe zu sein,
ist Sache des Herzens.

Liebe Anni,
ich werde Dich vermissen!

Inhalt

Vorwort

Liebe Leserinnen und Leser!

Dieses Buch ist eine kleine Anteilnahme mit einfühlsamen Gedanken zum Thema Abschied, Trauer, Trost und Erinnerungen an einen lieben Menschen.

In dieser schweren Zeit ist es nicht immer leicht die passenden Worte zu finden. Ich hoffe, ich kann Ihnen mit einigen Gedichten in der Zeit der Trauer etwas Trost spenden.

In Gedanken bin ich bei Ihnen!

Die Autorin
Nicole Sunitsch

Trost

Gib mir deine Hand in schlechten Tagen,
du brauchst auch nichts zu sagen.
Du legst deinen Kopf in meinen Schoß.
Ich frage dich nicht, was ist los?
Ich bin für dich da,
du bist mir so sehr nah.
Ich kenne deine Gedanken,
weise dich nicht in deine Schranken.

Du bist für mich mein Stern,
auch wenn du bist ganz fern.
Doch wenn ich in den Himmel schaue,
dann weiß ich, dass ich auf dich baue.
Du und ich sind wie eine Seele,
das wird so bleiben, solange ich lebe.
Gib die Hoffnung nie auf,
denn nach dunklen Stunden kommt immer
Licht darauf.

Es ist so schön, dass es dich gibt
und die Liebe in unseren Seelen überwiegt.
Dafür danke ich dir,
denn das ergibt ein mit Liebe erfülltes „Wir".

Schweren Herzens

Schweren Herzens gehe ich fort,
es ist ein ganz unbekannter Ort.
Ich wünsche mir meine Liebsten noch einmal herbei,
beim Anblick reißt es mein Herz fast entzwei.

Schmerz und Trauer weichen,
zum Abschied gebe ich mit meinen Augen ein Zeichen.
Ein letztes Mal kann ich meine Liebe innig zeigen,
denn all die schönen Erinnerungen werden bleiben.

So viel Zeit

Der Tod war nicht mehr weit
und wir glaubten,
wir hätten noch so viel Zeit!

Soviel Zeit zum Reden,
ohne nur die Fehler zu sehen.
Soviel Zeit zum Spazieren gehen,
ohne immer die Uhr anzuflehen.

Soviel Zeit zum Träumen,
ohne etwas zu versäumen.
Soviel Zeit zum Genießen,
ohne dass Tränen fließen.

Soviel Zeit zum Essen,
ohne zu stressen.
Soviel Zeit zum Reisen,
ohne die Menschen zurückzuweisen.

Soviel Zeit zum Tanzen,
ohne sich zu verschanzen.
Soviel Zeit zum Musik hören,
auf die ewige Liebe schwören.

Soviel Zeit zum Shoppen,
ohne die Verkäuferin zu schocken.
Soviel Zeit zum Lachen,
ohne böses Erwachen.

Soviel Zeit zum Schwimmen,
ohne dass die Techniken stimmen.
Soviel Zeit zum Kaffee trinken,
ohne sich mit Alkohol auszuklinken.

Soviel Zeit zum Lesen,
ohne viele Thesen.
Soviel Zeit zum Spielen,
ohne auf Gewinn zu zielen.

Der Tod war nicht mehr weit
und wir glaubten,
wir hätten noch so viel Zeit!

Mami

Ich vermisse dich so sehr,
dein Platz in meinem Herzen ist noch immer leer.
Wenn ich an dich denke, ist es heute noch schwer,
doch es ist schon Jahre her.
Zu früh bist du gegangen von mir,
es ging zu schnell,
du warst auf einmal nicht mehr hier.

Wir hätten noch so viel machen können,
ich würde dir alles Liebe auf der Welt vergönnen.
Die Zeit verging so schnell,
du hattest mit dem Tod ein Duell.
Leider konntest du hier nicht siegen,
wärst du doch nur geblieben.
Oft ist es ungerecht im Leben,
manch einer muss leider früher gehen.

Mir bleibt nur die schöne Erinnerung an dich,
sie macht mich in meinem Herzen glücklich.
In der kalten Zeit wird es wieder mehr,
wo mein Herz nach deiner Liebe schreit so sehr.
Denke ich an die Feiertage,
dann verändert sich meine Stimmlage.

Ich wünschte, du wärst noch eine Weile hier
und bliebst eine Zeit lang bei mir.
Ich würde mit dir noch so viel machen
und besonders viel lachen.
Mami, ich vermisse dich,
aber irgendwo denkst du an mich.

Ich trage dich in meinem Herzen,
so vergeht ein Teil der Schmerzen.
Was soll ich nur ohne dich machen,
es sind nicht mehr die gleichen Sachen.
Ich hätte dir noch einiges zu sagen,
mich quälen noch so viele Fragen.

Ich nehme dich einfach in den Arm,
bei dem Gedanken wird mir ganz warm.
Das tröstet mein Herz
und nimmt mir ein wenig Schmerz.
Menschen die von uns gehen,
man wird sie nie wieder sehen.

Ach wie viel würde ich dafür geben,
um dich noch einmal zu sehen.

Erinnerungen

Das Leben ist oft zu schnell vorbei,
der Verlust eines geliebten Menschen,
reißt Familien entzwei.
Zu groß sind Trauer und Schmerz,
das Band umwickelt das Herz.

Weinend kehrt man in sich hinein,
schattenumhüllt, fragt man sich,
wie kann das nur sein?
Fragen über Fragen,
sie hören nie auf, auch nicht nach vielen Tagen.

Doch irgendwann weicht der Druck vom Herzen,
sie werden weniger, die Schmerzen.
Weinend kehrt man in sich wieder hinein,
doch die Erinnerungen, sie werden bleiben.

Freundin

Eine Freundin nach so vielen Jahren,
wir als Kind oft zusammen waren.
Wir haben gemeinsam sehr viel erlebt,
dein Lächeln noch heute an mir klebt.

Zu früh bist du von uns gegangen,
wie schön war die Zeit,
wo wir lachten zusammen.
Doch eines solltest du wissen,
ich hab dich lieb
und werde dich immer vermissen.

Mama

Du hast uns viel zu früh verlassen,
ich kann es noch gar nicht fassen.
Ganz alleine ohne dich,
du lässt uns einfach im Stich.

Eine Zukunft ohne unsere Mutter,
unser Leben wird immer kaputter.
Wir können es einfach nicht verstehen,
wir würden dich gerne noch einmal sehen.

Doch unser Leben geht weiter,
die Lebenszeit ist wie eine Leiter.
Ohne dich ist unser Leben leer,
Mama, wir vermissen dich sehr.

Liebe Oma - Ruhe in Frieden

Die Welt ist hart,
Schicksalsschläge machen dich stark.
Ein Sprichwort, dass man erst später versteht,
die Jahre vergehen, vom Winde verweht.

Das Leben ohne dich ist schwer,
der frühe Verlust war nicht fair.
Ich würde so gerne deine Hände halten,
ohne dass sich unsere Wege spalten.

Leider können wir all das zusammen nicht mehr tun,
liebe Oma, du sollst in Frieden ruhn.

Du warst immer für mich da

An allen Türen meines Lebens hast du gestanden,
ich weiß nicht, ob dich die Engel entsandten.
Du warst immer für mich da,
egal was in meinem Leben geschah.

In dunklen Zeiten gabst du mir deine Hand,
verlor ich die Orientierung, du hast es erkannt.
Du bist mit mir jeden Weg gegangen,
ohne etwas zurückzuverlangen.

Du hast mir neue Ziele gezeigt
und wie man einen Berg besteigt.
Auf den Gipfel mit Freude und Kraft,
du hast es mir gelernt, wie man das schafft.

Und war ich müde und kraftlos,
von dir bekam ich Trost.
Meine Gedanken erhellten sich danach schnell,
manchmal war es ein Kampf und ein Duell.

Dein Vertrauen, Verständnis und deine Geduld,
es gab keinen Tag, wo du mir gabst die Schuld.
In meinem Herzen hast du einen Platz
und den Schlüssel hast nur du zu diesem Schatz.

Reise

Das Leben ist eine Reise,
doch vor dem Tod werden wir ganz leise.
Still erleben wir die einzelnen Schritte,
langsam erreicht unsere Seele die Mitte.
Irgendwann ist es soweit,
Angst und Licht machen sich breit.

Die Reise ist dann zu Ende,
am Sterbebett halten uns die Liebsten die Hände.
Sie trauern und weinen um dich,
haben schon das Ende in Sicht.
In Wirklichkeit ist es ein Anfang in ein neues Leben
und vielleicht gibt es im Himmel ein Wiedersehen.

Ich muss jetzt gehen

Seid nicht traurig, wenn ich geh,
auch wenn ich wehmütig in deine Augen seh.
Ich weiß, du hast Angst,
weil du mir nicht helfen kannst.

Doch es ist Zeit für mich zu gehen,
ich kann das Licht schon sehen.
Ich spüre meinen Körper ganz leicht,
wie die Seele langsam von mir weicht.

Mein Atem wird ganz still,
meine Stimme nichts mehr sagen will.
Jetzt zählt nur mehr das Herz,
auch wenn es schmerzt.

Lass mich noch einmal in deine Augen sehen,
ich liebe dich,
doch ich muss jetzt gehen.

Erinnerung

Der Tod ist so nah,
meine Ängste werden wahr.
Die Zeit verging zu schnell,
die schwere Krankheit, ich verlor das Duell.

Behaltet mich in Erinnerung wie ich war,
mein Lächeln, meine Augen so klar.
Mit einem Kuss aus der Ferne möchte ich euch zeigen,
seid nicht traurig, die Erinnerungen werden bleiben.

Ohne dich

Ohne dich geht es einfach nicht,
du bist für mich mein Sonnenlicht.
Ohne dich ist es so leer,
ich vermisse dich, alles ist schwer.

Ohne dich mag ich nichts essen,
ich kann dich nicht vergessen.
Ohne dich kann ich nicht schlafen,
ich weiß noch genau,
wo wir uns das erste Mal trafen.

Ohne dich steht die Zeit ganz still,
muss immer an dich denken,
ganz egal, ob ich will.
Deswegen sage ich es mit einem Satz,
Ich liebe dich mein Schatz.

Schwer

Es ist schwer,
es schmerzt so sehr.
Es ist so leer,
ich höre das Rauschen vom Meer.
Es ist ein Ende in Sicht,
schon von Weitem sehe ich das Licht.

Es ist die Wärme,
ich spüre sie aus der Ferne.
Es ist ein Gefühl wie benommen,
es ist an der Zeit, endlich heimzukommen.

Drei

So hilflos liegst du im Bett,
einschlafen wäre uns recht.
Doch leider schlägt dein Herz zu stark,
deine Gedanken schon beim Sarg.
Wir beten, deine Schmerzen sollen schwinden,
du solltest die Stille so überwinden.

Wir halten ganz fest deine Hand,
trotz allem hast du deine Kinder erkannt.
Halte durch, bald ist es vorbei,
doch in unseren Herzen bleiben wir immer „Drei".

Tod und Leben

Tod und Leben,
Fluch oder Segen.
Liebe mit Herz,
Sterben mit Schmerz.

Verlust und Beginn,
einsam und wenig Sinn.
Leider gehört all das zum Leben,
was würde ich geben,
um dich noch einmal zu sehen.

Trauer

Du bist zu früh von uns gegangen,
du warst in deinem eigenen Körper gefangen.
Der Abschied ist leider gekommen,
ein lieber Mensch wurde uns genommen.

Im Gedächtnis wirst du noch lange bei uns bleiben,
unser Herz wird dabei immer leiden.
Die Erinnerung wird die Seelen verbinden
und die Liebe niemals schwinden.

Es gibt hierfür keine passenden Worte,
ich Erinnerungen mit Fotos in einer Schachtel horte.
Ich schicke euch viel Kraft für diese schwere Zeit
und wünsche euch mein aufrichtiges Beileid.

Ich sende den Hinterbliebenen Hoffnung im Leben,
sie wird euch die nötige Kraft geben.
Ich wünsche euch Liebe zum Überwinden der Trauer,
sie hilft euch, macht den Alltag nicht noch grauer.

Verliert euren Glauben nicht,
denn er gibt euch in dieser schweren Zeit
das tröstende Licht.

Es tut mir so unendlich leid,
für deine Familie und für dich,
sollst du mal was brauchen, ich bin für dich da,
dabei meine ich mich.

Scheue dich nicht, mit mir das Gespräch zu führen,
denn vielleicht öffnet es dir wenigstens
ganz andere Türen.

Linderung

So viele Jahre waren wir zusammen,
wo wir deine Liebe bekamen.
Auf einmal wurdest du schwer krank,
weshalb dein Lebensmut sank.

Dein Zustand verbesserte sich nicht,
der Schutzengel von deiner Seite wich.
Ganz traurig standen wir vor dir,
doch dein Geist war nicht mehr hier.

Dein Gesicht war ganz bleich,
die Engel begleiteten dich ins Himmelreich.
Langsam stieg deine Seele auf,
immer weiter zum Himmel rauf.

Nun bist du nicht mehr bei deinen Kindern,
doch Hauptsache,
der Tod konnte deine Schmerzen lindern.

Es will nicht sein

Du warst immer eine gute Mama,
für uns Kinder einfach der Hammer.
Von heute auf morgen bist du gegangen,
für dich die Vögel traurige Lieder sangen.

Unsere Herzen schmerzen,
am Grabe brennen die Kerzen.
Wir legen rote Rosen nieder,
keine Angst Mama, wir kommen wieder.

Der Tod beschäftigt uns alle, besonders mich,
weil Gott lässt meine Liebsten im Stich.
Ich bete ganz oft,
ich hätte mir für meine Liebsten
ein langes Leben erhofft.

Doch leider will es nicht sein,
der Tod holt dich zur Tür herein.

Immer wiederkehren

Ihr braucht um mich nicht trauern,
meine Liebe nicht bedauern.
Ihr braucht nicht um mich weinen,
meine Liebe wird für euch noch lange scheinen.

Ihr braucht es nicht verstehen,
meine Liebe wird nie gehen.
Ihr braucht mich nur loslassen,
mich lieben und nicht hassen.

Nun bin ich der glücklichste Mensch im Himmel
und nicht auf Erden,
doch meine Liebe zu euch wird immer wiederkehren.

Ihr Süßen

Am liebsten würde ich euch jetzt küssen,
ich liebe euch ihr Süßen.
Ich brauche euch jetzt in diesem Raum,
wie schnell verging die Zeit, man glaubt es kaum.

Bald ist mein Leiden vorbei,
doch es reißt mein Herz entzwei.
Euch Süßen werde ich immer vermissen,
wenn ich fortgeh, weine ich in mein Kissen.

Ich liebe euch ihr Süßen,
doch ich werde euch auch vom Himmel küssen.

Wenn Menschen zu Engeln werden

Wenn Menschen zu Engeln werden,
dann gibt es nicht viel zu erklären.
Wenn Menschen zu Engeln werden,
dann musst du mit den richtigen Menschen verkehren.

Wenn Menschen zu Engeln werden,
stürzen sie dich nie ins Verderben.
Wenn Menschen zu Engeln werden,
dann spürst du sie auch auf Erden.

Wenn Menschen zu Engeln werden,
hält die Verbindung ewig,
denn sie wird nie sterben.

Letzte Geste

Als letzte Geste an deinem Grabe,
höre zu was ich dir sage.
Ich werde dich immer lieben,
unsere Liebe wird über alles siegen.

Lange überlegte ich ein Geschenk für dich,
kaum eine Träne von meinem Auge wich.
Es ist diese kleine Blumenspende,
traurig verlässt sie meine Hände.

Ich möchte dir mit dieser Geste begegnen
und dich mit viel Liebe segnen.
Viele Tränen werden fließen,
denn ich werde dich immer vermissen.

Von dir

Immer wenn ich von dir erzähle,
kommt Licht in meine Seele.
Dann bin ich ganz nah bei dir,
als säßest du neben mir.

Ich schließe meine Augen,
kann es kaum glauben.
Ich spüre um mein Herz leichte Wärme,
Mama ich hab dich so gerne.

Mut und Hoffnung

Es ist sehr schwer,
dass ich gesund war, ist schon lange her.
Kaum war die eine Krankheit überstanden,
die nächsten Bakterien meinen Körper überrannten.

Ich war schwach, mein Gesicht ganz bleich,
meine Muskeln starr und doch weich.
Müde und hoffnungslos,
weinend, steckte mir im Hals ein Kloß.

Es wollte nicht enden,
soviel Leid in meinen vier Wänden.
Und dann lernte ich einen Menschen kennen,
ich würde ihn Seelenverwandter der Gefühle nennen.

Ich erzählte ihm von meinem Gebrechen,
er brachte mich mit seinen Worten zum Lächeln.
Oft sind es Freundschaften, ganz weit weg im Leben,
doch es sind genau die,
die dir Mut und Hoffnung geben.

Zum Weinen

Heute ist ein Tag zum Weinen,
du darfst deine Augen dabei reiben.
Musste deine Krankheit sein,
du warst voller Liebe und dein Herz so rein.
Zu schnell bist du von uns gegangen,
wo wir für dich beteten und sangen.

Wir konnten dich nicht retten,
auch wenn wir um Erbarmung flehten.
Nun bist du erlöst von all der Last,
auch wenn die Zeit für uns nicht passt.
Wir hätten dich noch gerne eine Weile hier,
denn wir waren immer Vier.

Jetzt müssen wir das Leben zu Dritt bestreiten,
mögen dich ganz viele Engel in den Himmel begleiten.

Weit fort

Du bist ganz weit fort,
ein noch unbekannter Ort.
Ich kann nicht sagen, wie es da oben ist
und auch nicht wissen, ob du jetzt glücklich bist.
Doch du musstest gehen,
viel lieber hättest du von der Erde nach oben gesehen.
Leider konnten wir dir vieles nicht geben,
zu wenig Zeit mit dir durften wir erleben.

Doch jetzt beschützt du uns von oben,
dabei haben wir Zeit und Liebe für dich aufgehoben.
Ganz traurig schaue ich auf meine Uhr,
so stark die Verbindung, die Nabelschnur.
Du wirst immer in meinem Herzen bleiben,
dein Licht ganz oben,
wird mir die richtigen Wege zeigen.

Die Gedanken schweben fort zu dir
und die Grüße in tiefer Trauer sind von mir.

Schutzengel

Du kannst beruhigt durch das Leben schreiten,
ich werde dich immer begleiten.
Du kannst dich in meiner Obhut geborgen fühlen,
doch nicht allzu oft in der Vergangenheit wühlen.

Ich lenke dein Leben zum Licht,
es ist sogar meine Pflicht.
Ich beschütze dich jeden Tag,
das macht dich richtig stark.

Hab keine Angst,
du bist nicht allein,
denn, egal was kommt,
ich werde immer bei dir sein.

Vermissen

Ich könnte nur weinen,
den Schmerz meiner Trauer hinausschreien.
So tief bin ich betroffen,
wollte auf mehr Zeit mit dir hoffen.

Alles ging so schnell,
dein Kampf mit dem Tod, ein Duell.
Meine Welt ist ohne dich leer,
Mama, es schmerzt so sehr.

Ganz allein bin ich nun auf dieser Welt,
wo doch nur die Liebe zählt.
Wie willst du mir das jetzt geben,
nur mehr vom Himmel auf mich sehen.

Ich kann dich nicht mehr drücken,
nicht mit meinen Küssen beglücken.
All das wird mir sehr fehlen,
doch auch der Tod gehört zum Leben.

Nachts weine ich in das Kissen, ach Gott,
Mama, ich werde dich immer vermissen.

Rücken an Rücken

Wir stehen Rücken an Rücken,
das Leben leer mit vielen Lücken.
Es vergeht kein Tag, wo ich an dich denke,
von Weitem ich dir Liebe schenke.
Jahre vergehen,
doch noch immer kannst du meine Liebe nicht sehen.

Keiner von uns wagt einen Schritt nach vorn,
so hell, so schön damals war unsere Liebe geboren.
Heute sind wir Jahre älter,
unsere Gefühle zueinander viel kälter.
Unsere Herzen sind getrennt und stur,
kein Funke Hoffnung trägt der Kindheitsschwur.

Unsere Haare gleich wie Ebenholz,
doch schuld an allem ist unser Stolz.
Bis jetzt finden wir zusammen in unseren Träumen,
doch mir ist heute schon bewusst,
dass wir dadurch sehr viel Liebe versäumen.

Ich hoffe du siehst unsere Scherben,
vielleicht finden wir zueinander,
noch vor dem Sterben.

Krankheit

Manche Menschen haben es nicht leicht,
Krankheit ihren Körper streift.
Die Seele leidet mit,
Hoffnung schwindet Schritt für Schritt.
Trotzdem sind sie voller Mut,
tun anderen Menschen mit positiven Worten gut.

So gutmütig und liebevoll ist ihr Herz,
sie vergessen dabei ihren eigenen Schmerz.
Genau diese Menschen verdienen sehr viel mehr
und haben es trotzdem so schwer.

Irgendwann ist dann der Kampf verloren
doch manche wurden zum Frühergehen auserkoren.

Ich bin immer bei dir

Geh noch nicht,
ich brauche dich.
Lass mich nicht allein,
ich will bei dir sein.
Schlafe nicht ein,
was soll ich machen allein?
Lass mich nicht zurück,
meine Welt dann zerbricht.

Sei stark, bleibe hier,
ich brauche unser Wir.
Atme weiter,
unsere Lebenszeit, wie eine Leiter.
Stille und nichts kommt zurück,
so viel Pech und kein Glück.
Mit den letzten Worten verlässt du die Erde,
ich bin immer bei dir, auch wenn ich sterbe.

Rein sein

Warum gehört der Tod zum Leben,
viel schöner wäre es, es würde nur Geburten geben.
Wir sind sterblich, solange unser Blut fließt,
beim Tod der Mensch viele Tränen vergießt.
Das Leben ist oft zu schnell zu Ende,
zwischen den Menschen noch viele Missstände.

Deswegen lebe mit reinem Herzen,
es verzeiht beim Ableben viele Schmerzen.
Viel leichter geht man mit reinem Gewissen,
viele Menschen in ihrem Stolz ganz verbissen.
Doch jedem das Seine,
mein Herz wird rein sein, wenn ich gehe und weine.

Ich gebe dich frei

Meine Krankheit machte mich schwach,
die ewigen Schmerzen rüttelten mich wach.
Ich weiß, bald werde ich verloren sein
und mein Liebster ist dann allein.

Diesen Tag musst du überstehen,
doch auch dieser wird vergehen.
Wir lebten so lange voller Glück,
schauten immer nach vorne, nicht zurück.

Ich wünsche mir, dass du glücklich bist,
und dass du mich nie vergisst.
Unsere Herzen bleiben immer vereint,
auch wenn meines nach wie vor um dich weint.

Bei jedem Wort ist meine Liebe dabei,
mein Schatz, ich gebe dich frei.

Wiedersehen

Der Tag ist gekommen,
ich sehe dich ein letztes Mal,
die letzten Stunden voller Leid und Qual.
Du warst die Liebe meines Lebens,
keine Sekunde mit dir war vergebens.

Die Liebe zu dir wird mich immer erfüllen,
die Zeit die Trauer umhüllen.
Diese Zeilen kannst nur du verstehen,
doch ich bin mir sicher, es gibt ein Wiedersehen.

Eines Tages

Eines Tages wachst du nicht mehr auf,
es war nicht mehr der gleiche Tagesablauf.
Stille und eine kurze Pause,
leer war mein Zuhause.

Traurig schaue ich an die Wand,
früher hielt ich an dieser Stelle deine Hand.
Jetzt bist du nicht mehr hier,
solange warst du mein Lebenselixier.

So düster ist meine Welt,
so vieles hätte ich dir noch erzählt.
Die Zeit reichte nicht für uns zwei,
unsere Jahre gingen viel zu schnell vorbei.

Weit entfernt, tausche ich den Raum,
manchmal bin ich bei dir, doch es war ein Traum.
Ich lasse deine Seele gehen,
denn ich weiß, wir werden uns wiedersehen.

Für immer

Du hast für immer deine Augen geschlossen,
wegen dir habe ich viele Tränen vergossen.
Du bist jetzt an einem Ort,
still und leise ohne Wort.

Da ist eine Brücke zwischen Himmel und Erde,
dazwischen Wasser und Berge.
Diese Welt ist für Menschen nur geliehen,
der Tod lässt uns zurück in die Heimat fliehen.

Sei nicht traurig, wenn ich gehe,
von weitem ich schon die Brücke sehe.
Es ist die Verbindung zu einem anderen Leben,
denn Gott wird mir für alles vergeben.

In ewiger Liebe

Deine Reise, dein Leben endet hier,
die Trauer, der Schmerz sitzt tief in mir.
So vieles durften wir zusammen erleben,
haben uns sehr viel Liebe gegeben.

Der Tod holte dich heim,
die Reise zerplatzt wie der Reim.
Nun gehst du den Weg zum Licht,
keine Schmerzen mehr, ein Ende in Sicht.

Zurück lässt du eine tief trauernde Seele,
bei diesen Gedanken, schnürt es mir ab die Kehle.
Zu deiner Krankheit gibt es viele Thesen,
mit so viel Leid, wäre das kein Leben mehr gewesen.
Es reißt mein Herz entzwei,
in ewiger Liebe, gebe ich dich frei.

Partezettel

Ich sehe dein Bild auf der Parte an,
du warst mir so nah,
ich es gar nicht beschreiben kann.
Mir fielen so viele Erinnerungen ein,
ich frage mich,
wie kann das nur sein?

Zu früh bist du von uns gegangen,
ich höre noch heute,
wie wir zusammen alte Lieder sangen.
Leider bist du jetzt ganz weit fort,
es ist ein noch unbekannter Ort.
Ich hoffe, du fühlst dich dort geborgen,
mach dir um mich nicht zu viele Sorgen.

Ich schicke dir einen Kuss in die Ferne,
vergiss nicht, ich hab dich sehr gerne.

Zeit zu gehen

Durch unheilbare Krankheit überrannt,
ich mich mit letzter Kraft zu meinen Liebsten wand.
Schweren Herzens ging ich fort,
an diesen schönen besagten Ort.

Mit einem weinenden Auge verließ ich die Welt,
weil das Leben schön ist,
doch meine Krankheit nur quält.
Ich weiß, es ist bald soweit.
bis zum Licht bleibt kaum noch Zeit.

Jetzt habe ich es geschafft,
mein Herz sich freut und dabei lacht.
Frei von Schmerzen und Leid,
ich bin bereit, denn es wird Zeit.

Zeit zu gehen,
um von oben auf meine Liebsten zu sehen.

Es ...

Es ging so schnell,
es war ein Kampf, ein Duell.
Es schien nicht real,
du warst keinem egal.

Es war so schwer,
deine Augen so leer.
Doch wir gaben dir noch einen Kuss
und trauerten um unseren Verlust.

Segen

Den Tod will keiner sehen,
doch es gibt nur ein Kommen und Gehen.
Früher oder später ist es für jeden soweit,
alles bestimmt die Zeit.

Wir haben wenig Einfluss darauf,
das Leben nimmt seinen Lauf.
Wir sollten trotzdem die schönen Momente genießen,
jeden Tag wie Blumen sprießen.

Mit einem Lächeln den Tag beginnen,
sich abends mit Musik besinnen.
All das schenkt uns das Leben,
denn alleine schon morgens aufzuwachen ist ein Segen.

Leben

Leben ist Leben,
Fluch oder Segen.
Leben ist Leben,
Nehmen und Geben.

Leben ist Leben,
Schweben und Streben.
Leben ist Leben,
Lächeln und Flehen.

All das gehört zum Leben.

Im Himmel wohnt ein Engel

Im Himmel wohnt ein Engel,
dem Herzen trotzdem nah,
du kannst es noch nicht glauben,
weil ihn noch niemand sah.

Im Himmel wohnt ein Engel,
deine Seele oft allein,
du kannst es noch nicht glauben,
doch er wird bei dir sein.

Im Himmel wohnt ein Engel,
der immer über dich wacht,
du kannst es noch nicht glauben,
doch das geschieht bei Tag und Nacht.

Im Himmel wohnt ein Engel,
er gibt dir wieder Mut,
du kannst es noch nicht glauben,
doch am Ende wird alles gut.

Neues Leben

Es traf mich ganz hart,
meine Krankheit machte mich stark.
Ich hatte Kummer und Schmerz,
der Druck wich nicht vom Herz.

Tage, Wochen vergingen,
ich konnte mein Leben nicht bestimmen.
Meine Trauer hörte nicht auf,
meine Krankheit hatte einen langen Verlauf.

Am Ende bezahlte ich mit meinem Leben,
doch ich glaube fest daran,
es wird neues Leben geben.

Am liebsten

Warte auf mich,
lass mich nicht im Stich.
Gib mir noch Zeit,
es ist noch nicht soweit.

Lieber Gott, ich flehe dich an,
sag mir nur wann!
Ich möchte mich noch verabschieden,
nur so finde ich innerlichen Frieden.

Ich will noch Ordnung vor dem Sterben,
ohne Kummer und Scherben.
Gehen möchte ich mit wenig Schmerzen
und am liebsten mit reinem Herzen.

So oft

So oft habe ich an dich gedacht,
ein kleiner Engel über dich wacht.
So oft habe ich mit dir gelacht,
ein kleiner Engel spricht ganz sacht.

So oft habe ich mit dir geweint,
ein kleiner Engel mit dir vereint.
So oft hast du mich besucht,
ein keiner Engel die Reise bucht.

So oft war schon das Ende in Sicht,
ein kleiner Engel, aber ich sehe ihn nicht.
So oft war meine Welt sehr leer,
doch sie jetzt zu verlassen, fällt mir schwer.

Wenn

Wenn Menschen gehen,
wir Tränen sehen,
wenn wir weinen,
währenddessen verzeihen,
wenn wir sie lieben,
wenn Jahre verfliegen,
wenn wir sie vermissen auf Erden,
wenn sie zu Engel werden.

Hast du an all das gedacht,
dann hast du im Leben alles richtig gemacht.

Freitod

Ich verstehe die Welt nicht mehr,
meine Gedanken sind so leer.
Warum hast du das gemacht?
Das hätte sich niemals wer gedacht.
Ich bin erschüttert und traurig,
es ist enttäuschend und schaurig.

Ich mache mir Vorwürfe,
habe ein schlechtes Gewissen,
ich kann es nicht glauben,
bin innerlich nur noch zerrissen.
Warum hast du nichts gesagt?
Du hast dich nie über etwas beklagt.

Warum bist du nicht zu mir gekommen?
Wir hatten ein inniges Verhältnis
und waren uns stets gut besonnen.
Ich kann es nicht verstehen,
ich konnte deine Trauer nicht sehen.
Es tut mir so unendlich leid,
ich hoffe, dass es mir Gott mal verzeiht.

Mit den Schuldgefühlen muss ich jetzt leben,
doch meinen Bruder kann mir niemand zurück geben.
Du hast dich für den Freitod entschieden,
meine Liebe zu dir konnte nicht siegen.
Es ist für mich unfassbar,
doch die Würde eines Menschen ist unantastbar.

Ich muss deine Entscheidung mit deinen Augen sehen,
ich hoffe meine Schmerzen und Trauer
werden irgendwann mal vergehen.
Alle Engel mögen dich da oben begleiten,
vielleicht kannst du dein Leben jetzt bestreiten.

Lieber Bruder,
ich hoffe, du kannst nun in Ruhe leben
und vielleicht werden wir uns irgendwann mal
wiedersehen.

Licht

Ich werde dich umhüllen mit Licht,
in schlechten Tagen ist es wie eine Schutzschicht.
Ich werde für dich immer die Sonne scheinen lassen,
Dunkelheit würde in dein Leben nicht passen.

Ich werde dir den Strahl des Lichtes schenken,
er wird dir helfen, dein Leben zu lenken.
Trage dieses Licht in deinem Herzen,
der Kummer wird vergehen
und auch die Schmerzen.

Stehst du ganz alleine da auf einem Hügel,
weine nicht, denn ich umarme dich mit meinem Flügel.
Ich halte dich fest und lasse dich nicht los,
denn ich weiß genau, du brauchst jetzt Trost.

Ich tröste dich eine Weile
und du wirst den Lichtstrahl sehen,
mehr als eine Meile.

Himmel und Erde

Sie werden im Himmel
und oft auf Erden Engelchen genannt,
sie gab es auch früher
und waren schon immer bekannt.
Du kannst ihnen ganz einfach blind vertrauen,
du brauchst ihnen nur in die Augen schauen.

Beim Fliegen lassen sie hinter sich
einen zarten Duft, so weißt du,
ein Engel fliegt durch die Luft.
Bei Morgengrauen lassen sie die Sterne erblassen,
denn es gibt so viele Engel,
die über uns wachen.

Oft hörst du sie nicht,
es ist wie ein Hauch,
doch Gott kennt sie alle
und sie uns auch.

Meine Engel

Wenn ich meine Engel sehe,
dann schauen sie mich an
wie kleine Rehe.
Ihre Augen funkeln in einem zarten Braun,
ich bin gefangen
und kann gar nicht wegschaun.
Wenn meine Engel über mich wachen,
gibt es so schöne Momente
und wir können trotz schwerer Umstände lachen.
Wir akzeptieren einander
und reichen uns die Hände.
Zusammen sind wir so stark
wie Felsenwände.

Und auch wenn ein Engel geht,
denke ich gerne an diese Zeit zurück
und schließe ihn ein in mein Gebet.
Ich weiß, auch sie werden ganz oft an mich denken
und mir noch aus der Ferne
ihre Liebe schenken.
Irgendwann mal kreisen wir im Himmel zusammen
und ich bekomme die Hilfe,
welche sie von mir bekamen.

Bist du traurig

Willst du am liebsten weinen oder schreien,
versuche deine Seele von allem zu befreien.
Manche schaffen das von allein,
doch viele suchen die Kirche auf,
um Gott und den Engeln ganz nah zu sein.

Vielen Menschen gibt das innerlichen Frieden,
der Körper wird sich wieder aufrichten
und nicht nach unten biegen.
Das gibt uns Menschen neue Kraft
und du wirst sehen,
dass du das Leben wieder leichter schaffst.

Besuchszeiten im Himmel

Ich würde dich gerne nochmal sehen,
dieser Wunsch würde mir sehr viel geben.
Ich stelle mir im Himmel eine Besuchszeit vor,
neben uns singen die Engel im Chor.

Ich würde dir nur in die Augen schauen,
von dir nicht ablassen,
dir über dein Gesicht streicheln
und dich an den Händen fassen.

Ich würde dich umarmen, dich ganz fest drücken,
dich mit meiner endlosen Liebe beglücken.

Noch einmal,
nur du und ich,
Schatz, ich liebe dich!

Erinnerung

Es gibt keine passenden Worte für Trost,
der Schmerz ist groß
und lässt deine Trauer nicht los.
Erst wenn die Zeit vergeht,
wird die Traurigkeit ganz langsam verweht.

Die Erinnerung wird bleiben
und die Liebe wird dir den richtigen Weg
auch zeigen.
Ich liebe dich so sehr,
ich kann nicht mehr.

Die Traurigkeit zerdrückt mein Herz,
weil es so viel schmerzt.
Du wurdest mir so schnell genommen,
die letzten Jahre sind zerronnen.

Ich weiß nicht, wie es weitergeht,
ich würde dir so gerne noch was sagen,
doch dafür ist es jetzt zu spät.
Du wirst ewig in meinem Herzen brennen,
doch derzeit fühle ich nur Wut,
so würde ich es nennen.

Zum Abschied bekommst du noch einen Kuss von mir,
in meinen Gedanken bin ich immer bei mir.
Ich werde dich nie vergessen,
denn ich war von dir so besessen.

Blut ist dicker als Wasser

Du wolltest mich nie sehen,
du hast mir keine Liebe gegeben.
Du wolltest mich nie haben,
es waren andere Menschen,
die mir Liebe gaben.

Du hast es mit mir nie versucht,
lieber hast du Reisen gebucht.
Du hast mich auf die Seite geschoben,
deine Art war oft unangemessen und abgehoben.
Auch meine Tränen waren dir egal
und das immer wieder und jedes Mal.

Wir haben uns gegenseitig das Herz gebrochen
und nie darüber gesprochen.
Gebracht hat uns das beiden nicht viel,
denn jetzt bist du tot
und das war nicht das Ziel.

Erinnere dich

Erinnerungen sind:
Wie das Rauschen vom Meer.
Wie Sonnenstrahlen, die einen wärmen.
Wie Regentropfen, die auf der Haut zergehen.

Wie ein Lächeln ohne Laute.
Wie eine Umarmung ohne Anwesenheit.
Wie der Duft eines Lieblingsparfums.

Wie der Wind, der durchs Haar streift.
Wie Musik, die wir zusammen hörten.
Wie ein Film über unser Leben.

Es sind die Erinnerungen,
die uns so viel geben.

Rückenwind

Mögest du stets Rückenwind haben,
der Wind wird dir helfen,
ohne etwas zu sagen.
Du wirst Stück für Stück nach vorne kommen,
dein Gesicht soll erstrahlen wie die Morgensonnen.

Aufrecht sollst du durch das Leben gehen,
den Wind an deiner Seite als Gefährten sehen.
Er begleitet und trägt dich durch die schwere Zeit,
durch den Wind ist der Weg nicht mehr so weit.

Bei Traurigkeit weht der Wind leise in dein Gesicht,
schließe die Augen und du spürst das Licht.
Vielleicht kann dir der Wind mit dieser Geste etwas
sagen, mögest du in deinem Leben immer nur
Rückenwind haben.

Schatz

So viel hätte ich dir noch zu sagen,
zu kurz war die Zeit, ich muss mich beklagen.
Wir haben sehr vieles falsch gemacht,
wer hätte das jemals gedacht.

Du wurdest mir entrissen,
ohne schlechtem Gewissen.
Jetzt bin ich allein, habe niemanden mehr,
mein Schatz, ich liebe dich sehr.

Abschied

Ich hatte ein sehr erfülltes Leben
und konnte vielen Menschen meine Liebe geben.
Jedes Jahr auf dieser Welt habe ich genossen,
durch euch alle war ich nie verdrossen.

Mein Job machte mir Spaß und Freude
und das immer wieder ohne Reue.
Doch auch die guten Menschen müssen einmal gehen,
wir werden uns im Himmel oben wiedersehen.

Dann werden wir alle Engel sein,
das Herz voller Liebe und ganz rein.
Seid nicht traurig wenn ihr an mich denkt,
dadurch wäre ich nur gekränkt.

Euer Herz soll lachen, wenn ihr über mich sprecht,
das wäre mir sehr recht.
Vielleicht werdet ihr noch lange von mir erzählen,
das würde mir auch im Himmel noch sehr viel geben.

Das Spurenhinterlassen hat einen Sinn gehabt,
denn ich war ja in so vielen Sachen nicht unbegabt.
Mein größter Dank gilt meiner Mutter und meinem
Schatz, denn egal wo ich bin, sie haben ihren Platz.

Ihnen verdanke ich auch mein erfülltes Leben,
ich würde alles geben, um sie noch einmal zu sehen.
Die Liebe wird uns irgendwann mal wieder vereinen,
ich gehe nur mal vor,
ihr braucht um mich nicht weinen.

Die Zeit wird kommen,
wir werden uns wiedersehen,
uns umarmen und uns die Hände geben.
Bis dahin werde ich über euch wachen
und wenn es euch gut geht,
mit euch lachen.

Und habt keine Angst bei einem Wiedersehen,
ich warte mit Freude,
denn unsere Liebe wird ewig leben.

Nachwort

Ich hoffe, ich konnte Ihnen durch dieses Trost- und Trauerbuch mit einfühlsamen Gedichten etwas Hoffnung schenken. Möglicherweise haben Sie sich als Trauernder in einigen Gedichten wiedergefunden. Mit diesem Büchlein ist man nicht allein in seiner Verzweiflung, Angst und Sehnsucht.

Das größte Licht für mich sind die Erinnerungen und diese leuchten im Herzen ewig.

Ich wünsche Ihnen in der schweren Zeit der Trauer viel Kraft, neuen Mut, Zuversicht und vielleicht finden Sie durch die schönen Erinnerungen wieder zur Ihrer Lebensfreude zurück.

Bücher der Autorin

Gedichte – Sprüche – Weisheiten - Gedanken

Tag X – Dreimal in Haft
Geschichte nach einer wahren Begebenheit

Links

https://nicolesunitsch.blogspot.com
https://www.amazon.de/s?k=B01N1Y3ZMB&rd=1&ref=lp_rd_SEARCH
https://www.pinterest.at/nicolesunitschs/
https://www.instagram.com/nicolesunitsch/
https://www.facebook.com/nicolesunitsch/
https://nicolesunitsch.jimdo.com/
https://funpot.net/entdecken/nur-nickname-GedichteNS/
https://mewe.com/profile/5c263df4f47f8e71d4d708b5